W0288292

Für alle, die die Vielfalt des Lebens lieben und dafür kämpfen – N. D.
Für Maisie, Georgia und Felix – L.S.

© 2017 Hodder Children's books
Die Originalausgabe ist bei Hodder and Stoughton erschienen.
Titel der Originalausgabe: The Variety of Life
© Text: Nicola Davies
© Illustrationen: Lorna Scobie

© 2018 für die deutsche Ausgabe:
arsEdition GmbH,
Friedrichstraße 9, 80801 München
Alle Rechte vorbehalten
Aus dem Englischen von Andreas Jäger
Textlektorat: Eva Wagner

ISBN 978-3-8458-2772-8
www.arsedition.de

FSC
www.fsc.org
MIX
Paper from responsible sources
FSC® C104740

SO VIEL LEBEN!

Die Tiere unserer Erde

Nicola Davies und Lorna Scobie

arsEdition

EINFÜHRUNG

UNSER PLANET STROTZT VOR LEBEN!

Überall ist Leben – auf den höchsten Bergen und in den Tiefen der Ozeane, in der heißen Wüste und in den eisigen Polarregionen. Um an so verschiedenen Orten überleben zu können, brauchen Pflanzen und Tiere ganz bestimmte Eigenschaften und Fähigkeiten. Deshalb gibt es so viele verschiedene Arten von Lebewesen: Jede ist angepasst an ihren besonderen Lebensraum.

Die Biologen haben bisher mehr als eine Million Arten (in der Wissenschaftssprache »Spezies« genannt) beschrieben und benannt. Aber es gibt noch viel zu entdecken. Wie viele Arten wir noch nicht kennen, ist schwer zu schätzen, aber es sind wohl mehrere Millionen, vielleicht bis zu zehn! Diese verblüffende Artenvielfalt hat einen wissenschaftlichen Namen: Sie wird »Biodiversität« genannt und ist ein sehr kostbarer Schatz.

Doch wir Menschen gehen oft sehr achtlos mit diesem Schatz um: Wir holzen Wälder ab, verschmutzen die Meere und verändern das Klima, und das macht vielen Arten das Überleben immer schwerer. Wenn es von Jahr zu Jahr immer weniger Tiere oder Pflanzen einer bestimmten Art gibt, dann ist diese Art letztlich vom Aussterben bedroht. Und wenn ihr letzter Vertreter stirbt, ist diese Art ein für alle Mal von der Erde verschwunden.

Was können wir tun, um zu verhindern, dass die Artenvielfalt immer weiter abnimmt? Nun, der erste Schritt besteht sicher darin, so viele Lebewesen wie möglich zu registrieren und zu benennen.

Manche Tier- und Pflanzennamen sind uns allen sehr vertraut, wie etwa »Wal«, »Schmetterling«, »Frosch« oder »Pilz«. Aber wenn wir immer nur diese Namen benutzen, merken wir vielleicht gar nicht, wie viele verschiedene Arten von Walen, Schmetterlingen, Fröschen und Pilzen es gibt!

Dieses Buch möchte dir die Vielfalt des Lebens zeigen. Wenn du es gelesen hast, wirst du viele Pflanzen- und Tiernamen kennen. Dann bewahrst du ein Stück dieses Schatzes der Artenvielfalt in deinem Herzen, und leistest deinen Beitrag, dass sie uns auch in Zukunft erhalten bleibt.

Tier- und Pflanzennamen

Jede bekannte Art hat einen wissenschaftlichen Namen, der aus zwei Teilen besteht, zum Beispiel *Ursus arctos*. Der erste Teil verrät dir, zu welcher Gruppe das Tier oder die Pflanze gehört, es ist die sogenannte Gattung. In diesem Fall sind das die Bären (»ursus« ist lateinisch für »Bär«). Der zweite Teil benennt das einzelne Mitglied dieser Gattungsgruppe: *Ursus arctos* ist der Braunbär. Damit ist die Art genau bestimmt.

In diesem Buch findest du den wissenschaftlichen Namen immer direkt nach dem deutschen Namen der Art. Manchmal steht aber nur der wissenschaftliche Name da: Dann hat dieses Tier oder diese Pflanze keinen deutschen Namen.

Hinweis zum Schutzstatus

Manche Arten in diesem Buch sind mit einem Sternchen (*) gekennzeichnet. Das bedeutet, dass diese Art gefährdet oder vom Aussterben bedroht ist.

BÄREN

Bären sehen vielleicht ganz niedlich aus, aber sie sind keine knuffigen Teddys, sondern Raubtiere mit kräftigen Kiefern und langen Krallen an den Tatzen und sie sind sehr stark. Alle Bären können sich mühelos auf die Hinterbeine stellen. In dieser Haltung ist selbst der kleinste – der Malaienbär – so groß wie ein Mensch, und der größte – der Eisbär – erreicht eine Höhe von 3 Metern. Die meisten Bären sind Allesfresser, manche Arten sind aber auch sehr wählerisch, was ihre Nahrung betrifft.

Braunbär

(Ursus arctos)

Auf der Speisekarte dieses großen Bären steht alles, von Schmetterlingen über Beeren bis hin zu Lachsen und Hirschen. Man findet ihn in Europa, Asien und Nordamerika – dort lebt der Grizzly, eine Unterart des Braunbären.

Brillenbär*

(Tremarctos ornatus)

Der Brillenbär lebt in den Wäldern und im Grasland der Andenregion. Er ernährt sich hauptsächlich von Pflanzen.

Großer Panda*

(Ailuropoda melanoleuca)

Den kennst du bestimmt! Der Große Panda ernährt sich ausschließlich von Bambus und muss bis zu vierzehn Stunden am Tag mit Fressen verbringen, um genügend Nährstoffe aufzunehmen.

Malaienbär*

(Helarctos malayanus)

Der kleine Malaienbär verbringt viel Zeit in den Bäumen, wo er sich auch sein Schlafnest für die Nacht baut. Er ernährt sich vorwiegend von Früchten.

8 ARTEN

Lippenbär*

(Melursus ursinus)

Mit seinen langen Krallen gräbt dieser asiatische Bär nach Ameisen und Termiten die er dann mit dem Maul aufsaugt.

Kragenbär*

(Ursus thibetanus)

Dieser mittelgroße Bär aus den Bergwäldern Südasiens ist ein guter Kletterer. Er ist Allesfresser, bevorzugt aber Pflanzen.

Amerikanischer Schwarzbär

(Ursus americanus)

Der Schwarzbär, auch Baribal genannt, ist auf dem ganzen nordamerikanischen Kontinent verbreitet. Von dieser Art gibt es mehr Tiere als von allen Bärenarten zusammen!

Eisbär*

(Ursus maritimus)

Der Eisbär jagt Robben auf dem zugefrorenen Nordpolarmeer. Wenn das Eis schmilzt, muss er Hunger leiden.

WALE

Der Blauwal ist ein wahrer Ozeanriese – das größte Tier, das je auf der Erde gelebt hat. Er gehört zur Gruppe der Bartenwale, die anstelle von Zähnen Hornplatten im Oberkiefer haben, die sogenannten Barten. Damit filtern sie Krill (winzige Krebse) und andere Kleinstlebewesen aus dem Wasser. Andere Wale haben spitze Zähne, die sie bei der Jagd auf Fische und andere Meerestiere einsetzen. Das sind die Zahnwale, zu denen der Pottwal, der Orca und die Delfine zählen.

Blauwal* *(Balaenoptera musculus)*

Dieser Gigant ist mehr als doppelt so schwer wie der größte Dinosaurier.

Schwertwal *(Orcinus orca)*

Dieser Wal, der auch Orca genannt wird, jagt in Gruppen. Zu seinen Beutetieren gehören Fische, Robben und sogar andere Wale.

Zwergglattwal *(Caperea marginata)*

Der Zwerg unter den Bartenwalen ist immer noch so groß wie ein Elefant!

über 80 Arten

GRÖNLANDWAL

(Balaena mysticetus)

Er wird auch Polarwal oder Nordwal genannt und lebt in arktischen Gewässern, wo er sich von Krill ernährt.

BUCKELWAL *(Megaptera novae-angliae)*

Buckelwale fangen Fische und Krill mithilfe von »Blasennetzen«, die sie durch Ausatmen erzeugen.

POTTWAL* *(Physeter macrocephalus)*

Er sucht in über 1000 m Tiefe nach Tintenfischen, die er mittels Echo-Ortung aufspürt.

DELFINE

CIRCA 40 ARTEN

GROßER TÜMMLER (*Tursiops truncatus*)

Der Große Tümmler ist die bekannteste Delfinart. Er ist auf der ganzen Welt in wärmeren Küstengewässern anzutreffen.

MAUI-DELFIN* (*Cephalorhynchus hectori maui*)

Der kleinste und seltenste Delfin, auch Popoto genannt. Es gibt nur noch etwa 50 davon.

AMAZONAS-FLUSSDELFIN* (*Inia geoffrensis*)

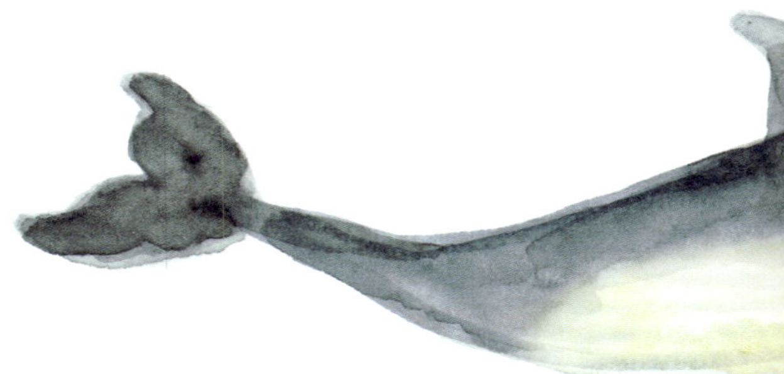

Auch Boutu genannt. Seine Augen sind winzig, denn im trüben Wasser des Amazonas muss er sich ohnehin auf seine Echo-Ortung verlassen.

GEMEINER DELFIN (*Delphinus delphis*)

Abbildungen dieses Delfins sind in 3500 Jahre alten Mosaiken auf der griechischen Insel Kreta zu finden.

Südlicher Glattdelfin *(Lissodelphis peronii)*

Diese Art lebt in den kalten Gewässern der Antarktis.

Gestreifter Delfin *(Grampus griseus)*

Seinen Namen hat dieser Delfin von den weißen Streifen, mit denen sein grauer Körper überzogen ist. Er wird auch Rundkopfdelfin genannt.

Langschnauzen-Delfin *(Stenella longirostris)*

Diese Delfine leben in tropischen Gewässern in riesigen Schulen von über tausend Tieren. Sie sind für ihre akrobatischen Sprünge bekannt.

Commerson-Delfin *(Cephalorhynchus commersonii)*

Ihn findet man nur in den Küstengewässern um Feuerland und die Falkland-Inseln sowie um den Kerguelen-Archipel im Indischen Ozean.

Alle Delfine sind Jäger und flinke Schwimmer. Im Maul eines Delfins – der übrigens nicht lächelt, auch wenn es für uns so aussieht – sitzen bis zu 250 Zähne, mit denen er glitschige Fische und Tintenfische festhält. Die meisten Arten leben im Meer, es gibt jedoch auch Flussdelfine. Die abgerundete Stirn birgt das Organ für die Echo-Ortung, die sogenannte Melone. Delfine leben fast immer in Gruppen (»Schulen«) und jagen auch oft gemeinsam.

SCHAFE

MUFFLON* *(Ovis musimon)*

In ganz Europa und Asien verbreitet. In manchen Gebirgsregionen und auf Inseln findet man eigene Rassen, die zum Teil vom Aussterben bedroht sind, wie etwa auf Zypern.

Dall-Schaf *(Ovis dalli)*

Diese hübschen weißen Schafe leben in den kalten Gebirgsregionen des nordwestlichen Nordamerika.

Dickhornschaf *(Ovis canadensis)*

Diese großen, robusten Schafe leben in den Bergen und Wüsten des westlichen Nordamerika. Die Männchen haben mächtige, gebogene Hörner, die sie im Kampf mit Rivalen einsetzen.

Blauschaf *(Pseudois nayaur)*

Mit seinem grauen, leicht blau schimmernden Fell ist es in der Felslandschaft des Himalaja gut getarnt.

Seit mindestens 9000 Jahren züchten Menschen Schafe, um Wolle, Fleisch und Milch zu gewinnen. Es gibt über 200 Rassen von Hausschafen, doch sie gehören alle zu einer einzigen Art, die von den Mufflons der europäischen Gebirgsregionen und Wüsten abstammt. Im Gegensatz zu Hausschafen sind Wildschafe flink und lebhaft. Die meisten haben Hörner, die bei den männlichen Schafen (Hammeln) größer sind und im Kampf mit Rivalen eingesetzt werden.

circa 10 Arten, aber über 200 Rassen

Schneeschaf *(Ovis nivicola)*

Dese Art lebt in den Gebirgsregionen Sibiriens.

Argali * *(Ovis ammon)*

Das größte Wildschaf. Es lebt in den Gebirgsregionen Zentralasiens. Die Hörner des Männchens können über 20 kg wiegen!

Barbados Black Belly

(Rasse von Ovis aries)

In der Karibik gezüchtet aus Hausschafen, die aus Afrika eingeführt wurden.

Lacaune-Schaf *(Rasse von Ovis aries)*

In Frankreich für die Milchproduktion gezüchtet. Schafmilch ist eine gute Alternative für Menschen, die keine Kuhmilch vertragen.

Merinoschaf *(Rasse von Ovis aries)*

Zuerst in Spanien wegen seiner dichten Wolle gezüchtet, ist es heute die häufigste Schaf- rasse in Australien.

AFFEN

Rhesusaffe
(*Macaca mulatta*)

Diese Art bevölkert viele indische Städte. Sie leben auf Dächern, klettern an Stromkabeln entlang und plündern Mülltonnen.

Angola-Stummelaffe
(*Colobus angolensis*)

Die Daumen dieser afrikanischen Art sind zu Stummeln verkürzt. Das verringert die Verletzungsgefahr beim Umherspringen in den Baumwipfeln.

Goldstumpfnase*
(*Pygathrix roxellana* oder *Rhinopithecus roxellana*)

Diese hübschen Äffchen leben nur in den Bergwäldern Zentralchinas, wo sie durch Rodungen bedroht sind.

Gehaubter Kapuziner
(*Sapajus apella*)

Diese kleinen Bewohner des Amazonas-Regenwalds sind sehr intelligent und setzen sogar Gegenstände wie Werkzeuge ein.

Affen ähneln uns Menschen sehr: Sie schmusen mit ihren Babys wie wir, sie spielen und streiten wie wir. Und das ist kein Wunder – sie sind ja auch eng mit uns verwandt, besonders die Menschenaffen! Die meisten der hier gezeigten kleineren Affenarten ernähren sich von Blättern, Früchten und Nüssen. Sie sind hervorragende Kletterer und manche können ihren langen Schwanz wie eine Greifhand benutzen. Die meisten leben in Wäldern und viele sind durch die Zerstörung ihres Lebensraums bedroht.

200–300 ARTEN

Diana-Meerkatze* *(Cercopithecus diana)*

Diese flinken Affen verbringen so gut wie ihr ganzes Leben hoch in den Baumkronen des westafrikanischen Regenwalds.

Geoffroy-Klammeraffe*

(Ateles geoffroyi)

Seinen langen Schwanz kann dieser Bewohner der Regenwälder Mittelamerikas wie eine »fünfte Hand« benutzen.

Husarenaffe *(Erythrocebus patas)*

Husarenaffen leben in den Savannen West- und Zentralafrikas. Sie sind sehr schnell und laufen bei Gefahr lieber davon, anstatt auf Bäume zu klettern.

Nasenaffe* *(Nasalis larvatus)*

Diese gefährdeten Affen aus Wäldern Borneos ernähren sich von Blättern. Mit ihrer langen Nase versuchen die Männchen vielleicht den Weibchen zu imponieren.

FLEDERMÄUSE

Große Hufeisennase*

(Rhinolophus ferrumequinum)

Bei der Jagd auf Käfer und Nachtfalter zeigt sich diese europäische Fledermaus als äußerst wendige Flugkünstlerin.

Hummelfledermaus*

(Craseonycteris thonglongyai)

Auch Schweinsnasenfledermaus genannt. Sie ist nic nur die kleinste Fledermaus, sondern auch das kleins Säugetier der Welt. Sie geht in den Wäldern von Myanm und Thailand auf Insektenjagd.

Indischer Riesenflughund

(Pteropus giganteus)

Mit seinen 2 m Flügelspannweite kann er auf der Suche nach seinen Lieblingsfrüchten weite Strecken zurücklegen.

Indischer Falscher Vampir

(Megaderma lyra)

Diese in Asien beheimatete Art frisst Mäuse, Reptilien und auch andere Fledermäuse.

Ein dunkles, flatterndes Etwas am Nachthimmel – mehr sehen wir normalerweise nicht von ihnen. Aber aus der Nähe betrachtet, sind Fledermäuse wirklich faszinierende Wesen. Ihre Flügel bestehen aus dünnen Hautlappen, die zwischen den Fingerknochen gespannt sind, und ihr Körper ist mit einem feinen Pelz bedeckt. Im Flug stoßen sie hohe Schreie aus – zu hoch für unsere Ohren, denn sie rufen im Ultraschall-Bereich. Das Echo des Ultraschalls liefert ihnen ein genaues »Bild« ihrer Umgebung, sodass sie ihre Beute in völliger Dunkelheit finden können. Der Fachausdruck für diese Art der Orientierung lautet Echo-Ortung.

Fast 1000 Arten

Weiße Fledermaus*

(Ectophylla alba)

Diese kleine Fledermaus lebt im Regenwald. Sie schläft am Tag in einem Zelt, das sie sich aus Blättern selbst baut.

Großes Hasenmaul

(Noctilio leporinus)

Diese große Fledermaus fängt, ebenfalls mithilfe der Echo-Ortung, Fische, die sie mit ihren langen Krallen aus dem Wasser holt.

Gemeine Vampirfledermaus

(Desmodus rotundus)

Auch Echter Vampir genannt – zu Recht, denn sie saugt tatsächlich Blut, allerdings lieber von anderen Tieren als von Menschen.

Große Mexikanische Blütenfledermaus*

(Leptonycteris nivalis)

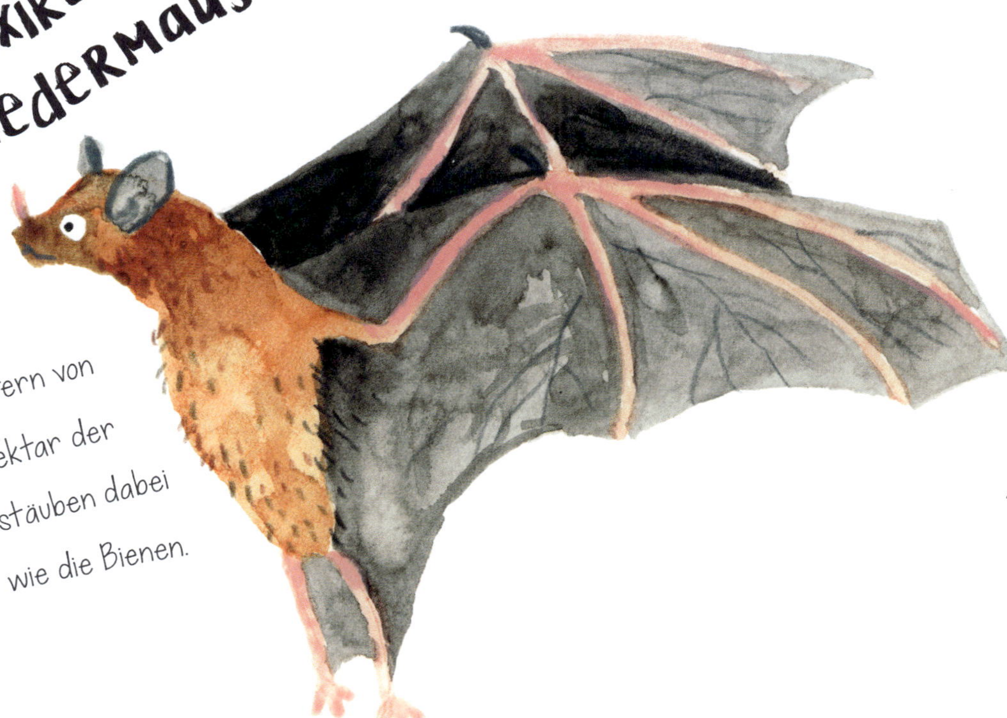

Diese Fledermäuse flattern von Blüte zu Blüte, um den Nektar der gaven zu schlürfen, und bestäuben dabei e Pflanzen – ganz ähnlich wie die Bienen.

Hammerkopf-Flughund

(Hypsignathus monstrosus)

Die lauten Balzrufe des Hammerkopfs sind in den flussnahen Wäldern Zentralafrikas weithin zu hören.

MÄUSE

Mäuse finden überall Platz, sie sind Allesfresser, und sie haben viele Junge – kein Wunder, dass sie so weit verbreitet sind. Hausmäuse leben überall dort, wo es Menschen gibt, aber ihre Verwandten haben auch andere Lebensräume erobert: Mäuse mit langen Schwänzen turnen in Baumkronen herum, Mäuse mit langen Krallen graben sich in die Erde. Die meisten Arten ernähren sich von Samen oder Insekten, aber manche Mäuse fressen Fisch oder sogar andere Mäuse!

Hausmaus *(Mus musculus)*

Ein einziges Hausmäuse-Paar kann in einem Jahr über tausend Nachkommen haben, weil die Jungen und deren Junge usw. noch im selben Jahr selbst Junge bekommen.

Langkrallen-Maulwurfsmaus *(Geoxus valdivianus)*

Wie der Name schon sagt, buddelt sich diese Maus mit ihren langen Krallen in die Erde. Sie lebt in Wäldern und Wiesen an der Südspitze Südamerikas.

Gelbhalsmaus *(Apodemus flavicollis)*

Diese kleine Kletterkünstlerin lebt in den Wäldern Europas und ernährt sich von Samen.

Darwin-Blattohrmaus *(Phyllotis darwini)*

Diese Art findet man in der kalten, trockenen Atacama-Wüste in Chile.

Onychomys leucogaster

Diese Art aus der Gattung der Grashüpfermäuse lebt im Westen der USA und in Kanada. Sie ernährt sich von Insekten, Eidechsen und anderen Mäusen.

Fast 500 Arten

Chibchanomys trichotis

Diese Art, die keinen deutschen Namen hat, zählt zu den Chibcha-Wassermäusen. Sie lebt in den Anden im Uferbereich von Flüssen und ernährt sich von Schnecken und kleinen Fischen.

Eurasische Zwergmaus

(Micromys minutus)

Nicht mehr als ein Teelöffel Zucker wiegt so ein Winzling. Ihre Nester bauen die Zwergmäuse zwischen Grashalmen.

Baumwollmaus *(Peromyscus gossypinus)*

Im Südwesten der USA und in Kanada beheimatet, nisten sich diese Mäuse gerne in unterirdischen Gängen ein, die von Schildkröten gegraben wurden.

Streifengrasmaus

(Rhabdomys pumilio)

Bei dieser südafrikanischen Mäuseart hilft die ganze Familie bei der Aufzucht der Jungen mit.

HUNDE

Mastiff
(Rasse von Canis lupus familiaris)

Der Mastiff gehört zu den ältesten Hunderassen: Er diente schon den alten Römern als Wachhund.

Mexikanischer Nackthund
(Rasse von Canis lupus familiaris)

Vor 3000 Jahren von den Azteken gezüchtet, war der Mexikanische Nackthund oder Xoloitzcuintle mit seiner haarlosen Haut ursprünglich als eine Art lebende Wärmflasche gedacht.

Spaniel
(Rasse von Canis lupus familiaris)

Diese lebhaften Hunde wurden dafür gezüchtet, bei der Jagd auf Vögel und andere Tiere das Wild aus dem Gebüsch aufzuscheuchen und es nach dem Abschuss zu apportieren.

Border Collie
(Rasse von Canis lupus familiaris)

Wölfe und Wildhunde umzingeln ihre Beute. Hütehunde wie der Border Collie tun das Gleiche mit ihren Herden – nur ohne zuzubeißen.

Vor etwa 30 000 Jahren setzten unsere Vorfahren erstmals Wölfe als Helfer bei der Jagd ein. Im Lauf der Zeit entstand aus den Wölfen, die von Menschen gehalten wurden, eine neue Art: der Haushund. Später entstanden durch Züchtung viele verschiedene Rassen für unterschiedliche Aufgaben. Heute gibt es Hunderte von Hunderassen. Die echten Wildhunde, die nie von Menschen gezähmt wurden, bilden jedoch eigene Arten.

circa 35 Arten

Dachshund (*Rasse von Canis lupus familiaris*)

Der Dachshund oder Dackel hat kurze Beine und einen lang gezogenen Körper. Er ist dafür gezüchtet, Kaninchen oder Dachse aus ihren Bauen zu scheuchen.

SALUKI

(*Rasse von Canis lupus familiaris*)

Diese schlanken und schnellen Hunde wurden vor rund 3000 Jahren im Nahen Osten für die Jagd in der Wüste gezüchtet.

Waldhund* (*Speothos venaticus*)

Diese Wildhunde der südamerikanischen Wälder und Savannen machen im Rudel Jagd auf Tapire, Agutis und Pakas.

Afrikanischer Wildhund*

(*Lycaon pictus*)

Der Afrikanische Wildhund oder Hyänenhund ist ein ausdauernder Rudeljäger, der stundenlang ohne Pause laufen kann.

PAPAGEIEN

Graupapagei* *(Psittacus erithacus)*

Graupapageien sind als Haustiere sehr beliebt, weil sie die menschliche Stimme nachahmen und »reden« können. Von dieser Art leben mehr Tiere in Käfigen als in freier Wildbahn.

Schwalbensittich* *(Lathamus discolor)*

Diese kunterbunten Vögel leben in Südaustralien. Sie ernähren sich von Eukalyptusnektar und -pollen und nisten in Baumhöhlen.

Hyazinth-Ara* *(Anodorhynchus hyacinthinus)*

Aras sind große Papageien aus der Amazonas-Region. Die größte Art ist der Hyazinth-Ara, der auch oft als Ziervogel gehalten wird.

Mit ihrem krummen Schnabel und dem bunten Gefieder sind Papageien ganz leicht zu erkennen. Der Schnabel dient dem Vogel als Allzweck-Werkzeug, mit dem er zum Beispiel im Baum herumklettern oder Nüsse knacken kann. Aber wegen ihrer bunten Federn sind Papageien auch schon immer gefangen und in Käfigen gehalten worden. Viele Arten in den tropischen Wäldern sind zudem durch die Zerstörung ihres Lebensraums bedroht.

circa
350
Arten

Kea* (Nestor notabilis)

Der Kea oder Bergpapagei wird in Neuseeland auch »Bergclown« genannt. Die cleveren Vögel spielen den Menschen gerne Streiche und klauen zum Beispiel Skihandschuhe aus Rucksäcken.

Blaukrönchen (Loriculus galgulus)

In den Wäldern von Borneo und Malaysia lebt dieser kleine Papagei, der sich zum Schlafen kopfüber an einen Ast hängt wie eine Fledermaus!

Königsamazone* (Amazona guildingii)

Dieser große Papagei findet sich nur auf der winzigen Karibikinsel St. Vincent.

Kakapo* (Strigops habroptilus)

Dieser flugunfähige Papagei aus Neuseeland wird so schwer wie eine Hauskatze. Er ist sehr selten: In freier Wildbahn leben nur noch weniger als 200 Tiere.

Braunstirn-Spechtpapagei (Micropsitta pusio)

Der kleinste Papagei der Welt wird nur so schwer wie eine Packung Kaugummi. Er lebt auf der Insel Neuguinea und ernährt sich von Flechten, Pilzen und Insekten.

EULEN

Uhu *(Bubo bubo)*

Mit einer Flügelspannweite von über 170 cm ist der Uhu die größte Eulenart. Er ist so kräftig, dass er sogar ein Rehkitz durch die Luft tragen kann.

Elfenkauz *(Micrathene whitneyi)*

Diese nordamerikanische Eule ist so klein, dass sie in eine Teetasse passt! Der Elfenkauz frisst Insekten und Skorpione und nistet in Kakteen.

Schleiereule *(Tyto alba)*

Die Schleiereule ist fast auf der ganzen Welt verbreitet. Man findet sie in Europa, Amerika, Afrika, Indien und Australien.

Eulen sehen knuddelig aus, aber sie sind sehr geschickte Beutegreifer. Auch bei sehr schwachem Licht sehen sie noch gut. Ihre Augen sind unbeweglich, deshalb müssen sie den Kopf drehen, wenn sie zur Seite schauen wollen. Ihr tellerförmiges Gesicht bündelt die Schallwellen, die von den feinen Ohren aufgenommen werden. Die sind übrigens unter den Federn verborgen – was bei manchen Eulen wie Ohren aussieht, sind Federbüschel. Lautlos stößt die Eule auf ihre Beute herab und packt sie mit ihren nadelspitzen Krallen.

CIRCA 200 ARTEN

Waldkauz (*Strix aluco*)

Das typische »Hu-hu-huu« des Waldkauzes ist in Wäldern, Parks und Gärten in ganz Europa zu hören.

Schnee-Eule (*Bubo scandiacus*)

Die Schnee-Eule lebt in der Nordpolarregion, wo es im Sommer 24 Stunden hell ist. Dann muss sie auch am Tag jagen, anders als alle anderen Eulen.

Sokoke-Eule* (*Otus ireneae*)

Diese kleine Eule frisst Insekten, Reptilien und kleine Säugetiere. Ihre Zahl geht zurück, weil die Wälder in Ostafrika, in denen sie lebt, immer weiter abgeholzt werden.

Riesen-Fischuhu* (*Bubo blakistoni*)

Diese Eule wird so groß wie ein einjähriges Kind! Sie fischt Lachse aus Flüssen in China und Japan.

Brillenkauz (*Pulsatrix perspicillata*)

Der Brillenkauz lebt in den Regenwäldern Südamerikas.

ENTEN

Enten leben auf Teichen und Seen, auf Bächen, Flüssen und auf dem Meer. Mit ihren Schwimmhäuten an den Füßen und dem wasserabweisenden Gefieder sind sie ideal an ihren Lebensraum angepasst. Die meisten ernähren sich von Pflanzen und kleinen Tieren im oder auf dem Wasser, aber manche fangen auch Fische. Die männlichen Enten (Erpel) haben bunte Federn, mit denen sie die Weibchen auf sich aufmerksam machen. Diese tragen meist ein braunes Tarnkleid, das sie während der Brutzeit schützt.

STOCKENTE *(Anas platyrhynchos)*

Die am häufigsten vorkommende Entenart ist überall auf der Welt an Seen und in Parks zu finden.

LÖFFELENTE *(Anas clypeata)*

Der Name kommt von dem großen, löffelförmigen Schnabel dieser Ente, mit dem sie ihre Nahrung von der Wasseroberfläche schöpft.

SCHELLENTE *(Bucephala clangula)*

Die Erpel dieser Art werben um die Weibchen, indem sie den Kopf in den Nacken werfen und schrille Schreie ausstoßen.

GÄNSESÄGER *(Mergus merganser)*

Mit seinem dünnen, spitzen Schnabel erbeutet er kleine Fische. Die Gruppe der Säger sind eine eigene Gruppe in der Familie der Entenvögel.

CIRCA 150 ARTEN

PRACHT-EIDERENTE

(Somateria spectabilis)

Diese Ente taucht in Küstengewässern nach Muscheln und Krebsen, die sie mit ihrem keilförmigen Schnabel knackt.

MANDARINENTE *(Aix galericulata)*

Sie lebt an Waldbächen und Seen und nistet in Baumhöhlen, sodass die Jungen in die Tiefe springen müssen, wenn sie flügge sind.

SPIEßENTE *(Anas acuta)*

Mit ihrem langen Hals kommt die Ente beim Tauchen (Gründeln) an Nahrung heran, die für andere Enten, wie die Stockenten, zu tief liegt.

WEIBCHEN

STURZBACHENTE

(Merganetta armata)

Mit ihrem schlanken Körper und den kräftigen Beinen bewegt sich diese Ente gewandt in schnell fließenden Gebirgsbächen.

PINGUINE

Kaiserpinguin*

(Aptenodytes forsteri)

Kein Vogel taucht tiefer als er. Der Kaiserpinguin ist auch bekannt dafür, dass er im tiefsten Winter brütet.

Zwergpinguin

(Eudyptula minor)

Diese Pinguine leben in Neuseeland und Südaustralien. Sie werden nicht größer als ein Milchkarton!

Goldschopfpinguin*

(Eudyptes chrysolophus)

Die weltweit häufigste Pinguinart. Allerdings nimmt ihre Zahl rapide ab.

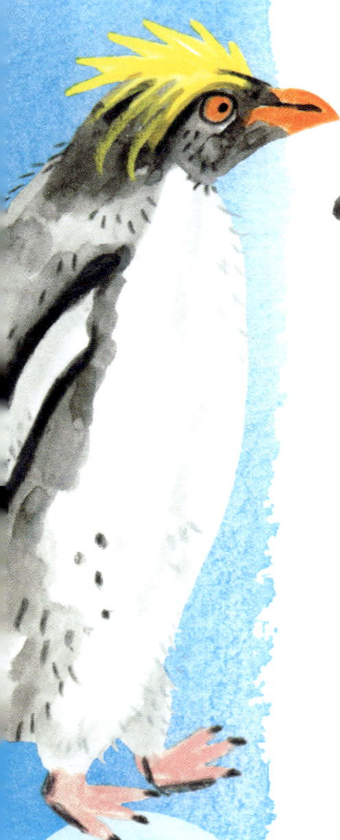

Die Lebensbedingungen in der Antarktis sind hart, doch da Pinguine an Land keine natürlichen Feinde haben, können sie gut aufs Fliegen verzichten. Ihre Flügel sind schmale, biegsame Flossen, ihre Füße sind Paddel und ihre Federn bilden einen gut isolierten »Taucheranzug« für die Jagd auf Krill, Fische und Tintenfische. Pinguine sind sehr gesellig und leben in Kolonien von vielen Tausend Tieren.

circa 17 Arten

Galápagos-Pinguin*
(*Spheniscus mendiculus*)

Die nördlichste Pinguinart lebt an und in den kalten Küstengewässern der Galápagosinseln.

Kehlstreifpinguin
(*Pygoscelis antarcticus*)

Wie alle Pinguine leben auch Kehlstreifpinguine in festen Paaren zusammen und die Eltern unterstützen sich gegenseitig bei der Brutpflege.

Adeliepinguin
(*Pygoscelis adeliae*)

Mit ihrem schwarz-weißen Gefieder sind Pinguine unter Wasser für ihre Fressfeinde schwer zu erkennen.

Königspinguin
(*Aptenodytes patagonicus*)

Königspinguine tauchen fast so tief wie Kaiserpinguine, brüten aber im Gegensatz zu diesen im Sommer.

SCHLANGEN

Mit ihrem schlauchförmigen Körper bewegen sich Schlangen mühelos auf jedem Untergrund fort. Sie können klettern, sich eingraben und sogar schwimmen – und somit die unterschiedlichsten Lebensräume besiedeln. Alle Schlangen sind Fleischfresser. Manche, wie die Würgeschlangen, erdrücken die Beute mit ihrem Körper, andere töten sie mit einem Giftbiss. Schlangen sehen schlecht und haben keine Ohren, doch sie spüren Geräusche als Erschütterungen im Boden. Am wichtigsten ist der Geruchssinn: Beim Züngeln nehmen sie Duftstoffe aus der Luft auf.

MICRURUS DIASTEMA

Die meisten Schlangen haben Tarnfarben, aber diese Korallenottern-Art zeigt mit ihrer knalligen Färbung Fressfeinden an, dass sie sehr giftig ist.

PLÄTTCHEN-SEESCHLANGE

(*Pelamis platura*)

Diese Schlange lebt in tropischen Meeren, wo sie Fischen auflauert und sie mit ihrem starken Gift tötet.

KREUZOTTER

(*Vipera berus*)

BRILLENSCHLANGE

(*Naja naja*)

Auch Südasiatische Kobra genannt. Sie ist in Indien beheimatet und tötet ihre Beute mit einem Giftbiss.

Die meisten Schlangen leben in warmen Klimazonen. Die Arten, die in gemäßigten Breiten leben, überstehen den Winter in Kältestarre.

CIRCA 3000 ARTEN

Pseudelaphe flavirufa

Diese Art aus der Gattung der Kletternattern hat keinen deutschen Namen. Sie lebt in Mexiko und lauert Fledermäusen in ihren Höhlen auf.

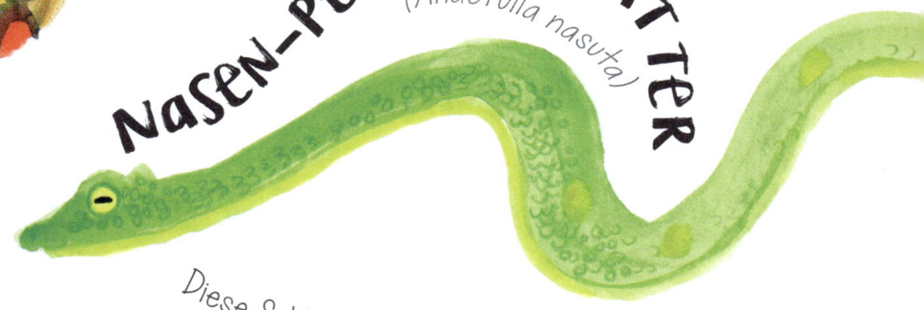

Nasen-Peitschennatter (*Ahaetulla nasuta*)

Diese Schlange wird auch Baumschnüffler genannt. Sie lebt in den Wäldern Südostasiens und ernährt sich von Fröschen und Eidechsen.

Gabunviper (*Bitis gabonica*)

Der breite Kopf birgt die großen Giftdrüsen der Gabunviper. Sie hat auch die längsten Giftzähne aller Schlangen.

Südafrikanische Eierschlange (*Dasypeltis inornata*)

Auch Braune Eierschlange genannt. Sie klettert auf Bäume und holt Vogeleier aus den Nestern.

Große Anakonda (*Eunectes murinus*)

Im Amazonasgebiet lebt die Große Anakonda, die größte Schlange der Welt. Wie alle Schlangen verschlingt sie ihre Beute am Stück, indem sie den Unterkiefer ausrenkt.

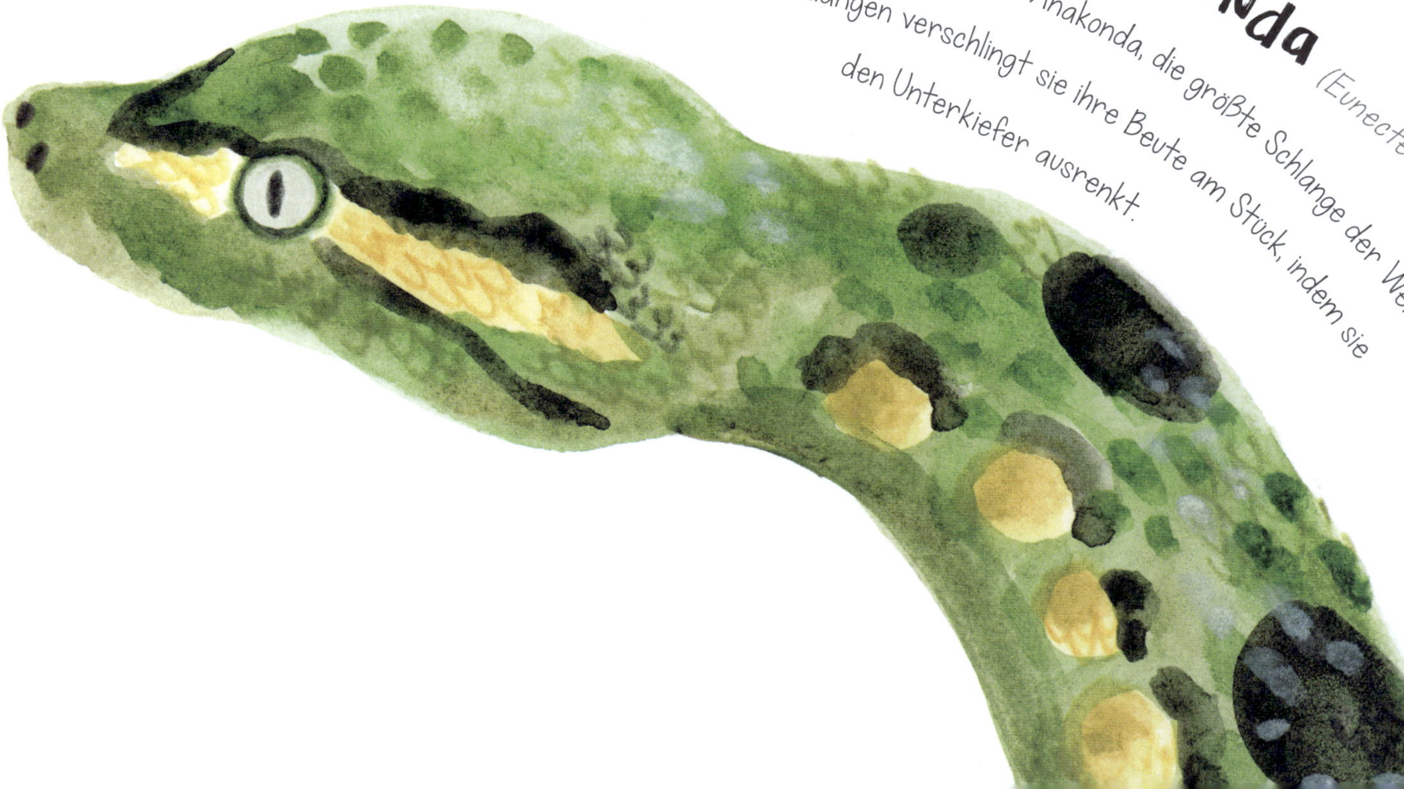

ECHSEN

Rotkehlanolis *(Anolis carolinensis)*

Mit seinen Haftzehen klettert er an Bäumen empor. Die Männchen haben einen roten Kehlsack, mit dem sie Rivalen aus ihrem Revier vertreiben.

Draco spilonotus

Dank der Hautlappen an den Flanken ihres schlanken Körpers kann diese Echsenart von Baum zu Baum durch die Luft gleiten.

Berg- oder Waldeidechse *(Lacerta vivipara)*

Diese kleine Echse ist in den Moor- und Heidelandschaften Europas zu Hause und bringt lebende Junge zur Welt, während die meisten anderen Echsen Eier legen.

Rundschwanz-Krötenechse *(Phrynosoma modestum)*

Diese Art lebt in der Wüste. Sie hat stachlige Schuppen und spritzt Blut aus den Augen, um Kojoten und andere Fressfeinde zu verjagen.

Mauereidechse *(Podarcis muralis)*

Wie viele andere Echsen kann auch die Mauereidechse einem Fressfeind entwischen, indem sie ihren Schwanz abwirft und in dessen Maul zurücklässt.

4000–6000 ARTEN

Die dicke, schuppige Haut der Echsen schützt sie vor Austrocknung, die Schale ihrer Eier ist zäh und lederartig. So können sie in den trockensten Regionen der Erde überleben. Fast alle Echsen sind Beutegreifer. Die meisten laufen oder klettern auf der Suche nach Nahrung, manche graben mit ihren kurzen Beinen in der Erde und wieder andere haben gar keine Beine. Viele Echsen haben bunte Flecken oder Hautlappen, die als Signale für Artgenossen dienen.

Östliche Glasschleiche *(Ophisaurus ventralis)*

Diese beinlose Echse bewegt sich wie eine Schlange. Aber anders als Schlangen haben beinlose Echsen Augenlider.

Kragenechse *(Chlamydosaurus kingii)*

Sie lebt auf Bäumen in Nordaustralien und auf Neuguinea und spreizt ihren Kragen, um Fressfeinde abzuschrecken.

Bindenwaran *(Varanus salvator)*

Der Bindenwaran ist ein schneller Läufer und auch ein ausdauernder Schwimmer. Er ist Allesfresser und verzehrt auch schon mal seine eigenen Artgenossen.

FRÖSCHE

Frösche brauchen Wasser: Ihre Haut trocknet schnell aus und ihre Eier und Kaulquappen können nur in einer feuchten Umgebung heranwachsen. Dennoch haben sie viele Lebensräume erobert, vor allem die Regenwälder, wo die Nacht oft von ihren Balzrufen erfüllt ist. Wenn ein Lebensraum gestört wird, sind die Frösche meist die Ersten, die darunter leiden. Sehr viele Arten sind heute vom Aussterben bedroht.

ROTAUGEN-LAUBFROSCH

(*Agalychnis callidryas*)

Mit ihrer leuchtend grünen Färbung sind diese Frösche im Laub des Regenwalds gut getarnt. Zugleich schrecken sie mit ihren großen roten Augen Fressfeinde ab.

CENTRONELLA FLEISCHMANNI

Diese fast durchsichtigen Frösche legen ihre Eier auf Blättern ab. Die Kaulquappen lassen sich dann ins Wasser darunter fallen.

GRASFROSCH

(*Rana temporaria*)

Diese weit verbreitete Art verbringt den Winter in Kältestarre und sucht im Frühling Teiche auf, um im Wasser abzulaichen (Eier zu legen).

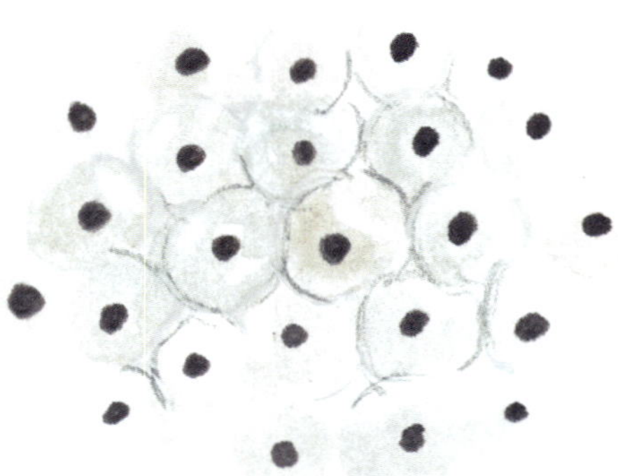

SCHMUCKHORNFROSCH*

(*Ceratophrys ornata*)

Dieser große Frosch aus dem südamerikanischen Grasland frisst alles, was in sein breites Maul passt.

4000–5000 ARTEN

Nasikabatrachus sahyadrensis*

Diese indische Froschart mit der maulwurfartigen Schnauze gräbt sich während der Trockenzeit ein und kommt nur in der Regenzeit für ein paar Wochen heraus, um Eier zu legen.

Erdbeerfröschchen *(Oophaga pumilio)*

Die Weibchen dieser kleinen südamerikanischen Froschart setzen ihre Kaulquappen nach dem Schlüpfen einzeln in Bromelienblüten, in denen sich Wasser sammelt.

Paedophryne amauensis

Dieser Winzling aus der Gruppe der Engmaulfrösche wurde 2012 auf Neuguinea entdeckt. Er ist nicht einmal einen Zentimeter groß!

Eigentlicher Nasenfrosch*

(Rhinoderma darwinii)

Die Männchen dieser Froschart brüten die Eier des Weibchens in ihrem Kehlsack aus, bis sie zu Kaulquappen herangewachsen sind. Dann werden sie kurzerhand »ausgespuckt«.

Wallace-Baumfrosch

(Racophorus nigropalmatus)

Im Regenwald von Borneo gleitet dieser ungewöhnliche Frosch mit seinen riesigen Schwimmhäuten an den Füßen von Baum zu Baum durch die Luft. Das Weibchen bereitet aus einem Sekret ein Schaumnest für die Eier.

Pseudacris crucifer

Die Männchen dieser nordamerikanischen Laubfroschart versammeln sich in Tümpeln, wo sie lautstark nach den Weibchen rufen.

HAIE

Haie haben bis zu 3000 Zähne, die in Reihen hintereinander angeordnet sind. Ihr Geruchssinn ist hervorragend, mit ihren Augen erkennen sie Bewegungen besser als unsere und sie können die Elektrizität in den Nerven ihrer Beute wahrnehmen. Haie sind im Lebensraum Meer so wichtig wie Großkatzen, Greifvögel und andere Beutegreifer an Land, und dennoch töten wir Jahr für Jahr 100 Millionen von ihnen!

Bogenstirn-Hammerhai* *(Sphyrna lewini)*

Auch Indopazifischer Hammerhai genannt. Die bizarre Kopfform verhilft ihm zu besserer Rundumsicht und erleichtert das Manövrieren im Wasser.

Zigarrenhai *(Isistius brasiliensis)*

Auch Kleiner Leuchthai genannt. Er beißt Fleischstücke aus größeren Fischen heraus, deshalb heißt er auf Englisch auch »cookiecutter shark«, also »Plätzchenstecher-Hai«.

Doggenhai *(Heterodontus portusjacksoni)*

Dieser australische Hai wird auch Port-Jackson-Stierkopfhai genannt. Er ernährt sich von Seeigeln und Krebsen und legt korkenzieherförmige Eier.

Blauhai* *(Prionace glauca)*

Der Blauhai ist ein schneller Schwimmer und ernährt sich von anderen Fischen.

400–500 ARTEN

Weißer Hai*

(Carcharodon carcharias)

Länger als ein Auto, mit Zähnen wie Steakmesser – der Weiße Hai ist wirklich ein furchterregender Jäger. Seine Beute sind Fische, Robben, Wale und Delfine.

Koboldhai *(Mitsukurina owstoni)*

Dieser merkwürdige Geselle, der auch Nasenhai heißt, lebt in der Tiefsee – und viel mehr wissen wir nicht über ihn!

Zwerg-Laternenhai

(Etmopterus perryi)

Die kleinste Haiart. Man findet ihn nur in den Küstengewässern vor Venezuela und Kolumbien.

Walhai* *(Rhincodon typus)*

Er ist der größte lebende Fisch, doch seine stiftartigen Zähne sind winzig. Er ernährt sich von Plankton, das er einsaugt.

SCHMETTERLINGE

120 000 – 170 000 ARTEN

Königin-Alexandra-Vogelfalter* *(Ornithoptera alexandrae)*

Der größte Schmetterling der Welt ist nur im Regenwald von Papua-Neuguinea zu finden. Die Männchen sind kleiner und bunter gefärbt als die Weibchen.

Kleopatra-Falter *(Gonepteryx cleopatra)*

Wenn dieser Schmetterling die Flügel faltet, sehen die grünen Unterseiten einem Blatt zum Verwechseln ähnlich.

Mit ihren leuchtend roten Stacheln warnt die Raupe ihre Fressfreinde: Ich bin giftig!

Heliconius Melpomene

Diese Art lebt in Mittelamerika und Brasilien.

Morpho Menelaus

Die blaue Oberseite der Flügel dieses Schmetterlings, der zu den Morphofaltern gehört, sagt seinen Artgenossen: »Hallo, hier bin ich!« Mit der braunen Unterseite ist er im Regenwald gut getarnt.

Die Raupe schützt sich mit juckenden Haaren vor Feinden.

Philotes Sonorensis

Dieser Schmetterling lebt in felsigen Wüstenregionen und ernährt sich von den Säften der Wüstenpflanzen.

Großer Schwalbenschwanz

(Papilio cresphontes)

Wenn ein Vogel nach den Augenflecken auf den Schwanzfortsätzen der Flügel hackt, kommt der Schmetterling mit einem Loch im Flügel davon.

Diese Raupen sehen aus wie ein Vogelschiss – eine ideale Tarnung!

Monarch (Danaus plexippus)

Manche Schmetterlinge sind richtige Langstreckenflieger. Der Monarch fliegt vom Norden der USA bis nach Kalifornien und Mexiko.

Wenn die Puppe so an einem Zweig hängt, sieht sie aus wie ein Blatt.

Die Streifen sind eine Warnung für Fressfeinde: Ich schmecke scheußlich!

Indisches Blatt (Kallima inachus)

Auch Indischer Blauschmetterling genannt. Er zeigt unterschiedliche Farben und Größen, je nachdem, ob er in der Regenzeit oder in der Trockenzeit geschlüpft ist.

Tagpfauenauge

(Aglais io / Nymphalis io / Inachis io)

Die Augenflecken schrecken Fressfeinde ab. Je nach Untergrund können sie dunkel oder hell sein.

Die Raupen legen gleich nach dem Schlüpfen ein Gespinst an, in dem sie geschützt sind.

Raupen sind die »Kinder« der Schmetterlinge und sie sehen völlig anders aus als die erwachsenen Tiere. Eine Raupe muss ständig fressen, um zu wachsen, und wandert dabei von einem Fressplatz zum nächsten. Wenn sie groß genug ist, verwandelt sie sich in eine Puppe, die – äußerlich regungslos – an einem geschützten Ort hängt. Darin wächst der Schmetterling und schlüpft schließlich. Er hat Komplexaugen, Fühler, Flügel und einen ausrollbaren Saugrüssel zum Schlürfen des süßen Blütennektars.

KÄFER

Käfer können so klein sein wie ein Sandkorn oder größer als deine Hand. Sie können klettern, laufen, schwimmen, graben, springen oder fliegen. Ihre Hinterflügel sind unter den schützenden Vorderflügeln (Elytren) versteckt. Käfer haben gute Augen, sie können mit den Fühlern riechen und haben an den Beinen Hörorgane. Das alles bedeutet, dass sie praktisch überall leben können, und deshalb gibt es so viele Arten.

Giraffenhalskäfer
(Trachelophorus giraffa)

Der Hals des Männchens ist dreimal so lang wie der des Weibchens. Er wird bei Kämpfen mit Rivalen eingesetzt.

Gemeiner Maikäfer
(Melolontha melolontha)

Die Larven des Maikäfers – Engerlinge genannt – wachsen vier Jahre lang unter der Erde heran und ernähren sich von Wurzeln.

Scydosella musawasensis

Diese Winzlinge aus der Gruppe der Zwergkäfer sind die kleinsten von allen: Zehn davon passen auf ein Reiskorn!

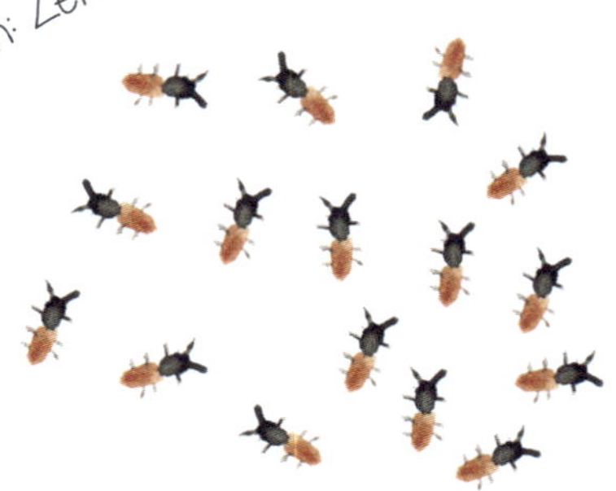

Großer Leuchtkäfer
(Lampyris noctiluca)

Besser bekannt als Glühwürmchen – obwohl es kein Wurm, sondern ein Käfer ist. Die Weibchen können nicht fliegen, aber sie erzeugen ein grünes Leuchten, um die fliegenden Männchen anzulocken.

Batocera wallacei

Die Männchen dieser Bockkäfer-Art können 8,5 cm lang werden, ihre Fühler bis 2,3 cm.

Harlekinbock
(Acrocinus longimanus)

Dieser auffällige Käfer lebt in den Regenwäldern Südamerikas. Die Weibchen legen ihre Eier in der Borke von Bäumen ab und die Larven bohren sich ins Holz.

Kartoffelkäfer
(Leptinotarsa decemlineata)

Er kann ganze Kartoffelernten vernichten und ist resistent (unempfindlich) gegen die meisten Insektenvernichtungsmittel.

CIRCA 400 000 ARTEN

Goliathkäfer (Goliathus goliatus)

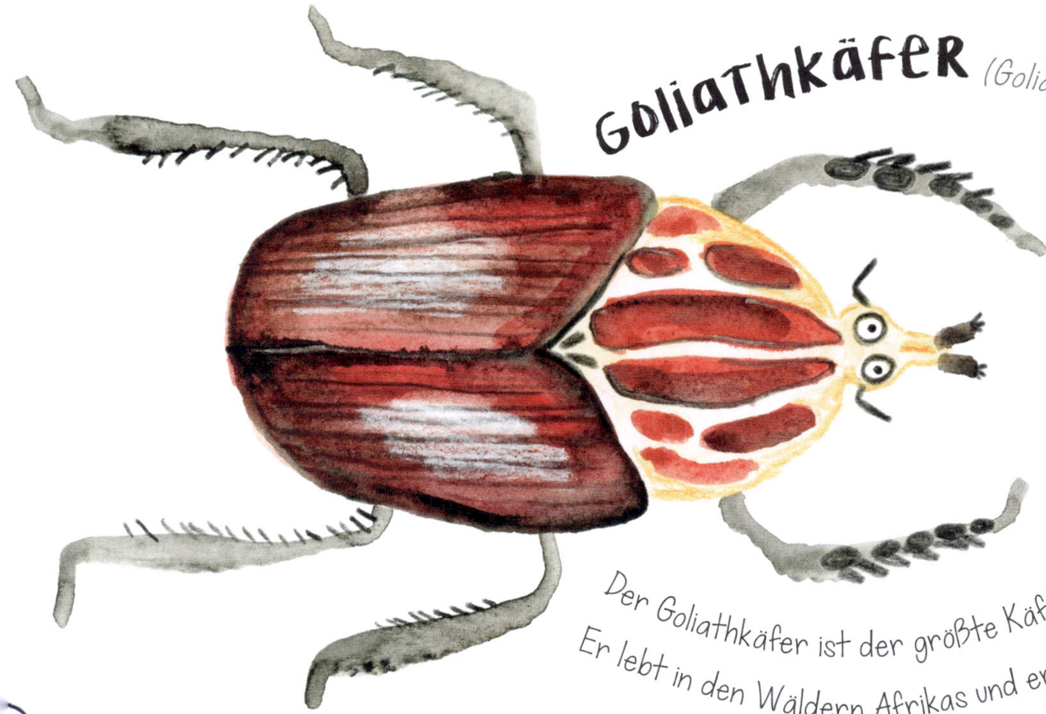

Der Goliathkäfer ist der größte Käfer überhaupt. Er lebt in den Wäldern Afrikas und ernährt sich von Früchten und Baumsäften.

Die Larve des Goliathkäfers lebt vier Monate in der Erde, bevor sie zum Käfer wird.

Sagra buqueti

Die Männchen dieser Art aus der Familie der Blattkäfer sind leicht an den kräftigen Hinterbeinen zu erkennen, die wie Froschschenkel aussehen. Sie werden beim Kampf um die Weibchen eingesetzt.

Schwarzer Moderkäfer (Ocypus olens)

Wie der Name schon andeutet, strömt dieser Käfer einen üblen, modrigen Geruch aus. Bei Gefahr hebt er den Hinterleib und spreizt die Mundwerkzeuge.

Siebenpunkt-Marienkäfer (Coccinella septempunctata)

Sowohl die erwachsenen Käfer als auch ihre stachligen Larven fressen Blattläuse. Ein Marienkäfer kann in seinem Leben – er wird nur ein Jahr alt – bis zu 5000 Blattläuse verputzen.

Scarabaeus zambesianus

Mistkäfer wie dieser rollen Tierkot zu einer Kugel und legen ihre Eier darauf. Die Larven ernähren sich dann von dem Kot.

BIENEN

Blattschneiderbiene

(Megachile centuncularis)

Das Weibchen dieser Art legt im Inneren von Pflanzenstängeln winzige Nester für jeweils ein einziges Ei an.

Ackerhummel

(Bombus pascuorum)

Die Königin baut aus Moos ein Nest für ihr Volk, das aus bis zu 150 Arbeiterinnen besteht.

Rotschopfige Sandbiene

(Andrena haemorrhoa)

Die Weibchen graben Löcher und füllen sie mit Pollen als Nahrung für ihre Larven.

Felsen-Kuckuckshummel

(Bombus rupestris)

Die Königin legt ihre Eier in die Nester anderer Hummeln, wo sie dann von den Arbeiterinnen einer anderen Königin versorgt werden.

Xylocopa nigrita

Holzbienen wie diese hier, die keinen deutschen Namen hat, nagen kleine Löcher ins Holz, in die sie ihre Eier ablegen.

Euglossa cordata

Die Männchen dieser Prachtbienen-Art fliegen Blüten an und sammeln deren Duftstoffe in Taschen an ihren Beinen, um damit Weibchen anzulocken.

Die meisten Bienen machen keinen Honig. Manche haben keinen Stachel. Nicht alle bauen aus Wachs Waben für ihre Brut und viele leben allein (solitär). Aber alle trinken Nektar, füttern ihre Larven mit Pollen und tragen den Pollen von Blüte zu Blüte. Ohne die Bestäubung durch Bienen könnten viele Pflanzen – darunter auch Früchte, Nüsse und Gemüse, die uns als Nahrung dienen – keine Samen bilden und würden aussterben. Bienen sind also superwichtig!

CIRCA 20 000 ARTEN

Steinhummel *(Bombus lapidarius)*

Diese Hummeln leben in kleinen Nestern mit einer Königin und bis zu 200 Arbeiterinnen.

Stachellose Bienen

(z. B. Melipona quadrifasciata)

Sie leben in Staaten wie Honigbienen, doch bei ihnen ist jede Wachszelle mit einem ausreichenden Nahrungsvorrat für die Larve gefüllt.

Honigbiene* *(Apis mellifera)*

Ein Volk von Honigbienen besteht aus bis zu 50 000 Tieren, aber nur die Königin bringt Eier hervor und legt sie in Zellen aus Wachs ab. Die heranwachsenden Larven werden von den Arbeiterinnen gefüttert.

KREBSE

40 000–50 000 ARTEN

Japanische Riesensee-Spinne
(*Macrocheira kaempferi*)

Diese Riesin lebt im Meer in rund 600 m Tiefe. Mit ausgestreckten Beinen hat sie einen Durchmesser von 3 m und sie kann so schwer werden wie ein kleines Kind.

Hornaugen-Sandkrabbe
(*Ocypode ceratophthalma*)

Mit ihren Stielaugen kann die Sandkrabbe am Strand besser nach Nahrung und Feinden Ausschau halten.

Blaue Schwimmkrabbe
(*Callinectes sapidus*)

Der Panzer der Krebse lässt sich nicht dehnen. Wenn der Krebs wächst, muss er ihn also abwerfen. Darunter ist schon ein neuer nachgewachsen, der aber erst nach ein paar Tagen richtig hart wird.

Krebse haben ein Außenskelett und gegliederte Beine wie die Insekten. Fast alle Krebse leben im Wasser, die meisten im Meer. Einige Arten können an Land überleben, aber die Eier müssen im Wasser abgelegt werden. Krebse haben vier Beinpaare, mit denen sie auch seitwärts laufen können, das fünfte ist zu Scheren umgebildet. Manche Krebse sind Jäger, andere fressen tote Pflanzen und Tiere und sorgen so für ein natürliches »Recycling«.

Uca perplexa

Diese Art gehört zur Gruppe der Winkerkrabben. Die Männchen locken die Weibchen an, indem sie mit einer stark vergrößerten, auffällig gefärbten Schere winken.

Palmendieb (Birgus latro)

Dieser große Krebs lebt an den Stränden des Pazifiks und des Indischen Ozeans. Seine Scheren sind so kräftig, dass er damit Kokosnüsse knacken kann!

Scopimera globosa

Bei Ebbe machen sich Tausende dieser kleinen Krebse über winzige Pflanzen und Tiere her, die im Sand stecken geblieben sind.

Gemeine Strandkrabbe (Carcinus maenas)

Sie lebt in kühlen Küstengewässern auf der ganzen Welt und ernährt sich von Schalentieren und Würmern, die sie mit ihren Scheren packt.

Gemeiner Einsiedlerkrebs (Pagurus bernhardus)

Einsiedlerkrebse sind am Hinterleib nicht durch einen harten Panzer geschützt. Sie benutzen deshalb leere Schneckenhäuser und Ähnliches als »Rüstung«.

NACKTSCHNECKEN

Boden-Kielschnegel (*Tandonia budapestensis*)

Wie viele Landschnecken lebt auch diese Art die meiste Zeit im Boden und ernährt sich von Wurzeln und Samen.

Costasiella kuroshimae

Diese nur 5 mm lange Schnecke ernährt sich von Algen. Ihr englischer Name bedeutet »Blattschaf«.

Nembrotha cristata

Diese Art, die zu den Nacktkiemern (einer Meeresschneckengruppe) gehört, warnt mit ihrer bunten Färbung andere Tiere: Ich kann stechen!

Tigerschnegel (*Limax maximus*)

Auch Große Egelschnecke genannt. Wie viele Landschnecken frisst diese Art tote Pflanzen und Tiere, auch andere Schnecken.

Jorunna parva

Die »Ohren« dieser Schnecke sind in Wirklichkeit Mundfühler, mit denen sie das Wasser schmeckt. Ihr englischer Name bedeutet »Meer-Häschen«.

Blumenkohl-Sackzungenschnecke (*Elysia crispata*)

Ihre grüne Farbe kommt von den mikroskopisch kleinen Algen, die im Körper der Schnecke leben.

Nacktschnecken heißen so, weil sie kein Gehäuse haben, in das sie sich zurückziehen können. Um nicht auszutrocknen, verkriechen sie sich unter Steinen oder im Boden und kommen nur nachts oder nach Regen heraus. Sie gleiten auf einer Schleimschicht, die ihre Haut absondert, und fressen mithilfe einer Raspelzunge. Meeres-Nacktschnecken sind meist bunter als ihre Verwandten an Land.

40 000–50 000 ARTEN

Große Schwarze Wegschnecke

(Arion ater)

Sie kann braun, orange oder weiß sein. Ihr Schleim schmeckt scheußlich, was Fressfeinde abschreckt.

Annas Prachtstern

(Chromodoris annae)

Das orangefarbene Büschel sind die Kiemen dieser Meeresschnecke, die »Ohren« sind ihr Geruchsorgan.

Spanischer Schal

(Flabellina iodinea)

Diese Schnecke frisst Seeanemonen und bewahrt deren Stacheln in ihren orangefarbenen Fransen auf, um sich vor Feinden zu schützen.

Selenochlamys ysbryda

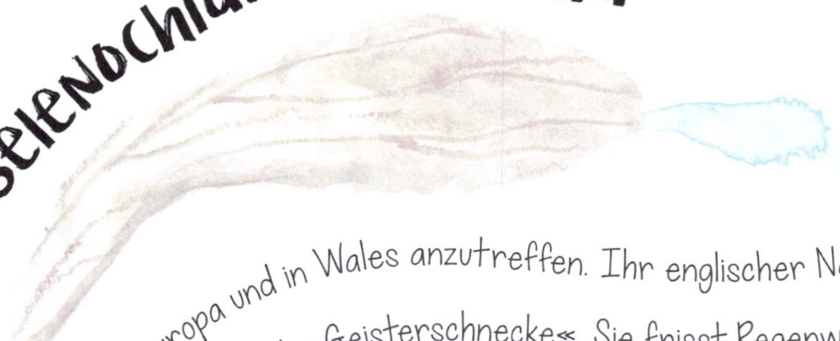

In Osteuropa und in Wales anzutreffen. Ihr englischer Name bedeutet »Geisterschnecke«. Sie frisst Regenwürmer, die sie aufsaugt wie Spaghetti.

Blaue Ozeanschnecke

(Glaucus atlanticus)

Auch Seeschwalbe genannt. Sie treibt auf der Meeresoberfläche, frisst Quallen und verwendet deren Nesselzellen, um sich selbst vor Feinden zu schützen.

Limax marginatus

Diese kleine Schnegel-Art ist in ganz Nordamerika zu Hause.

Süßgräser

Elefantengras
(*Pennisetum purpureum*)

Als »Elefantengras« werden drei verschiedene Arten von Tropengräsern bezeichnet. Sie können in einem Jahr 3 m wachsen.

Miscanthus fuscus

Saathafer
(*Avena sativa*)

Hafer wächst auch dort, wo es für andere Getreidearten zu kalt oder zu feucht ist.

Ravennagras
(*Saccharum ravennae*)

Weizen
(*Triticum spp.*)

Es gibt viele Arten von Weizen, die auch in heißen Klimazonen gedeihen. Hartweizen (*Triticum durum*) wächst gut an trockenen Standorten.

Antarktische Schmiele
(*Deschampsia antarctica*)

Diese Art gehört zu den wenigen Pflanzen, die in der eisigen Kälte der Antarktis überleben können.

Gräser sind Pflanzen mit langen, dünnen Blättern. Sie wachsen überall, auch an sehr trockenen Orten oder auf Böden mit sehr wenig Erde. Was wie Federbüschel aussieht, sind ihre Blüten, die vom Wind bestäubt werden. Viele Tiere sind auf Gräser als Nahrung angewiesen, und unsere wichtigsten Feldfrüchte, wie Weizen oder Roggen, sind ebenfalls Gräser.

bis zu 20 000 Arten

Moskitogras *(Bouteloua gracilis)*

Dieses Gras der nordamerikanischen Prärien war einst die Hauptnahrung der riesigen Bisonherden.

Dregeochloa pumila

Dies ist die kleinste Grasart und die einzige, die in ihren Blättern Wasser speichern kann. Auf Englisch heißt sie »Tom Thumb Grass«, was »Däumlingsgras« bedeutet.

Gerste *(Hordeum vulgare)*

Gerste wurde schon von den ersten Bauern vor 10 000 Jahren angebaut.

Reis *(Oryza sativa)*

Reis wird in warmen Ländern auf überfluteten Feldern angebaut. Er ernährt mehr Menschen als jedes andere Getreide.

Mais *(Zea mays)*

Erstmals vor 4000 Jahren in Mexiko angebaut, gibt es heute viele verschiedene Sorten, die für unterschiedliche Verwendungen gezüchtet wurden.

Riesen-Bambus *(Dendrocalamus giganteus)*

Die mehr als 1400 Bambus-Arten sind alle Gräser.

Die größten werden mit 20 – 25 m so hoch wie Bäume.

BÄUME

Stieleiche
(Quercus robur)

Sie ist in ganz Europa verbreitet und kann bis zu 1000 Jahre alt werden. Mehr als 300 Tier- und Pflanzenarten können auf und in einer Eiche leben.

Kokospalme
(Cocos nucifera)

Die Kokospalme stammt von den Inseln des Pazifischen und des Indischen Ozeans. Palmen gedeihen nur in frostfreien Regionen. Es gibt ca. 2000 bis 3000 Arten.

Grannenkiefer
(Pinus longaeva)

Diese urtümlichen Bäume wachsen im Westen der USA an kalten, trockenen und felsigen Standorten, wo kein anderer Baum überleben kann. Manche Grannenkiefern sind über 4000 Jahre alt und damit die ältesten Bäume auf der Erde!

Ginkgo*
(Ginkgo biloba)

Fossilien beweisen, dass es Ginkgos schon seit rund 270 Millionen Jahren gibt. Die Art stammt aus China und wird auch Fächerblattbaum genannt.

Als Bäume bezeichnen wir Pflanzen mit einem festen, verholzten Stamm und einer Krone mit Blättern oder Nadeln. Auf der ganzen Erde gibt es vermutlich zwei bis drei Billionen Bäume, und die Wälder, die sie bilden, reinigen die Luft und sind wichtig für den Wasserkreislauf auf der Erde. Jede einzelne Baumart kann Hunderten von verschiedenen Tier- und Pflanzenarten eine Heimat bieten. In den Tropenwäldern, wo mehrere Tausend Baumarten wachsen, wimmelt es daher von Leben.

CIRCA 60 000 ARTEN

Dahurische Lärche (Larix gmelinii)

Diese robuste Lärchenart mit nadelartigen Blättern wächst weiter nördlich als jeder andere Baum. Man findet sie Hunderte Kilometer nördlich des Nördlichen Polarkreises, wo die Temperatur im Winter auf -70°C fallen kann.

Riesenmammutbaum* (Sequoiadendron giganteum)

Diese Giganten wachsen im Norden Kaliforniens. Sie sind nicht ganz die höchsten Bäume der Welt, aber die schwersten. In dem Stamm mit bis zu 8 m Durchmesser hätte ein ganzer Lieferwagen Platz!

Shorea johorensis*

Diese Art gehört zu den Flügelfruchtbäumen, die in besonders großer Artenvielfalt (ca. 500) in den Regenwäldern auf der Insel Borneo wachsen.

Kapokbaum (Ceiba pentandra)

In den Wäldern Südamerikas und Westafrikas überragt der Kapokbaum oft alle anderen Bäume.

Magnolia sinica*

Von dieser wunderschön blühenden Magnolienart aus Zentralchina gibt es nur noch fünfzig Exemplare.

PILZE

Nicht alle Lebewesen sind Pflanzen oder Tiere. Die Pilze bilden eine dritte, ganz eigene Gruppe. Sie sind die Recycling-Experten der Natur, denn sie verarbeiten tote Tiere und Pflanzen und sogar Kot zu Nährstoffen, die wiederum von anderen Lebewesen genutzt werden. Pilze finden sich in der Erde, im Wasser und in oder auf Bäumen. Was wir von ihnen sehen können, sind nur die Fruchtkörper, in denen die staubartigen Sporen gebildet werden, mit denen sich der Pilz fortpflanzt.

PORPHYRBRAUNER RÖTLING

(*Entoloma porphyrophaeum*)

Die Fruchtkörper dieser Art, die auf Wiesen und Waldlichtungen in Europa und Asien wächst, werden oft von Schnecken gefressen.

HALSKRAUSEN-ERDSTERN

(*Geastrum triplex*)

Die »Strahlen« des Sterns klappen bei feuchtem Wetter auf und zu, um die Sporen freizusetzen.

VIOLETTE KORALLE (*Clavaria zollingeri*)

Den größten Teil der Pilze bildet das Myzel, ein Fadengeflecht unter der Erde oder im Inneren einer Pflanze. Nur die Fruchtkörper sind bunt gefärbt.

SCHAFCHAMPIGNON

(*Agaricus arvensis*)

Auch Weißer Anis-Champignon. Weltweit auf Wiesen und Weiden zu finden. Die Fruchtkörper schießen im Spätsommer und Herbst aus dem Boden, wenn es geregnet hat.

FLIEGENPILZ (*Amanita muscaria*)

Dieser auffällige Pilz wächst auf der ganzen Welt um die Wurzeln von Bäumen herum. Der kräftig rote Fruchtkörper ist giftig.

2–4 MILLIONEN ARTEN

Mycena chlorophos

Dieser Pilz gehört zur Gruppe der Helmlinge, die in den Tropen auf Bäumen wachsen. Manche Arten leuchten im Dunkeln!

Goldgelber Zitterling

(*Tremella mesenterica*)

Diese Art, die sich von Holz ernährt, siedelt sich gerne auf frisch abgebrochenen oder abgestorbenen Ästen an.

Judasohr (*Auricularia auricula-judae*)

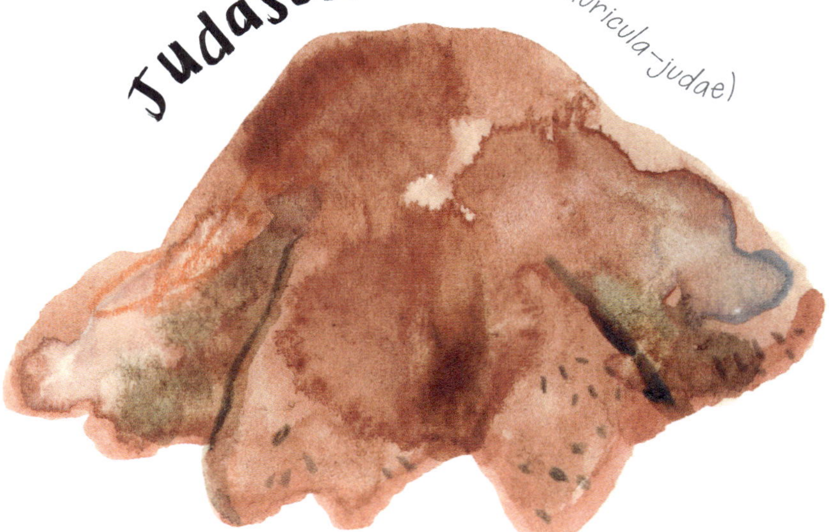

Das Myzel dieses weit verbreiteten Pilzes, der sich von totem Holz ernährt, wächst im Inneren von Bäumen.

Schopftintling (*Coprinus comatus*)

Wenige Stunden, nachdem sie aus dem Boden geschossen sind, zerfließen die Fruchtkörper zu einem tintenartigen Brei, der die Sporen enthält.

Flacher Lackporling

(*Ganoderma applanatum*)

Dieser Pilz kann einen ganzen Baum töten, indem er die lebenden Teile des Holzes auffrisst. Seine scheibenförmigen, harten Fruchtkörper sitzen an Stämmen und Ästen.

GLOSSAR

AMPHIBIEN

Amphibien haben eine dünne, feuchte Haut, durch die sie an Land und im Wasser atmen können. Sie muss immer feucht bleiben, sonst stirbt das Tier. Fast alle Amphibien leben im Süßwasser. Sie legen Eier, aus denen dann die Larven schlüpfen (die bei Fröschen und Kröten Kaulquappen heißen). Die Larven atmen mit Kiemen wie Fische, erst beim erwachsenen Tier erfolgt die Atmung mit Lungen und über die Haut.

ART

Jedes Lebewesen gehört zu einer bestimmten Art, die ganz spezielle Eigenschaften hat, um ihr Überleben zu sichern, und die sie von allen anderen unterscheiden, etwa lange Ohren, um Fressfeinde zu hören, oder Stacheln, die die Blätter einer Pflanze schützen. Jedes Lebewesen kann normalerweise nur mit Angehörigen seiner Art Nachkommen hervorbringen.

BARTEN

Barten sind lange, dünne Hornplatten (aus dem gleichen Material wie unsere Fingernägel), die im Maul der sogenannten Bartenwale sitzen. Dazu zählen etwa Blauwal, Buckelwal, Finnwal und Zwergwal. Ihre borstigen Kanten überlappen sich und bilden einen dichten »Vorhang«, mit dem der Wal Krill und Plankton aus dem Meerwasser filtert.

BESTÄUBUNG

Bei der Bestäubung erzeugen die männlichen Teile einer Pflanze (die Staubblätter) den Pollen (= Blütenstaub), der dann auf die weiblichen Teile, die Narben, übertragen wird. Daraus entstehen die Samen, aus denen neue Pflanzen wachsen können. Bei manchen Pflanzen wie etwa den Gräsern wird der Pollen vom Wind transportiert. Bei anderen locken die bunten und mit süßem Nektar gefüllten Blüten Insekten, Vögel oder Säugetiere an, die dann den Pollen von einer Pflanze zur anderen tragen.

BEUTEGREIFER

Tiere, die andere Tiere jagen und töten, um sie zu fressen, werden Beutegreifer genannt.

FISCHE

Fische haben keine Beine und atmen unter Wasser mit Kiemen. Sie verbringen ihr ganzes Leben im Meer oder im Süßwasser. Die meisten legen Eier. Bei manchen Arten schlüpfen die Jungen im Mutterleib und werden lebend geboren. Wir kennen über 30 000 Fischarten.

INSEKTEN

Der Körper der Insekten ist von einem harten, panzerartigen Exoskelett (Außenskelett) bedeckt. Sie haben drei Beinpaare und der Körper ist deutlich in Kopf, Rumpf (Thorax) und Hinterleib (Abdomen) untergliedert. Gewöhnlich haben sie zwei Flügelpaare. Wir kennen mehrere Millionen Insektenarten.

KREBSTIERE

Krebstiere haben eine harte »Schale«, das sogenannte Exoskelett, vier gegliederte Beinpaare, zwei Fühlerpaare und ein Paar Scheren. Die meisten leben im Meer oder im Süßwasser, aber manche leben in feuchter Umgebung an Land. Wir kennen ca. 70 000 Arten.

METAMORPHOSE

Eine Entwicklung, bei der ein Tier seine Gestalt völlig verändert, zum Beispiel von der Kaulquappe zum Frosch oder von der Raupe zum Schmetterling. Metamorphose kommt bei sehr vielen Wirbellosen (alle Tiere, die keine Wirbeltiere sind) vor.

NACHTAKTIV

Tiere, die nachts jagen oder auf Nahrungssuche gehen und am Tag schlafen, nennt man nachtaktiv.

PFLANZE

Eine Pflanze ist ein Lebewesen, das seine Nahrung aus Sonnenlicht, Luft und Wasser selbst herstellen kann. Manche Pflanzen sind so winzig, dass wir sie mit bloßem Auge nicht sehen können, andere zählen zu den größten Lebewesen der Erde. Gräser, Bäume, Seetang, Blumen und die mikroskopisch kleinen Kieselalgen sind alles Pflanzen. Mindestens 400 000 Arten sind bekannt, und da sind die mikroskopisch kleinen noch nicht mitgezählt.

GLOSSAR

PILZE

Pilze leben davon, dass sie Material von toten Tieren und Pflanzen verdauen. Sie können mikroskopisch klein sein, wie die Hefepilze, die wir zum Backen brauchen, oder groß, wie die Pilze, die abgestorbene Bäume zersetzen. Ohne die »Recycling«-Dienste von Pilzen könnten Tiere und Pflanzen nicht überleben! Über 75 000 Pilzarten sind bekannt.

REPTILIEN

Reptilien haben eine ledrige, schuppige Haut und sind wechselwarm – das heißt, ihre Körpertemperatur verändert sich entsprechend der Außentemperatur. Die meisten legen Eier mit ledriger Schale, aber bei manchen schlüpfen die Jungen auch schon im Mutterleib und werden lebend geboren. Wir kennen ca. 8000 Arten.

SÄUGETIERE

Säugetiere sind gleichwarm (das heißt, ihre Körpertemperatur wechselt nicht mit der Außentemperatur), sie haben ein Fell, und die Weibchen bringen lebende Junge zur Welt (mit Ausnahme des Ameisenigels und des Schnabeltiers, die Eier legen). Die Jungen werden mit Muttermilch gefüttert. Wir kennen 4600 Säugetierarten, eine davon ist der Mensch.

TARNUNG

Unter Tarnung versteht man die »Tricks«, mit denen Tiere sich an ihre Umgebung anpassen, um nicht gesehen und gefressen zu werden – oder um sich unbemerkt an die Beute heranschleichen zu können.

VÖGEL

Vögel sind Wirbeltiere mit Federn, zwei Beinen und zwei Flügeln. Nicht alle Vögel können fliegen: Pinguine zum Beispiel benutzen ihre Flügel zum Schwimmen, bei Straußen dienen sie nur zum Halten des Gleichgewichts beim Laufen. Alle Vögel legen Eier mit harter Schale. Über 10 000 Arten sind bis heute bekannt.

WEICHTIERE

Weichtiere haben einen weichen Körper ohne Gliedmaßen und eine raue Zunge, Radula genannt, zum Abraspeln oder Zerkleinern von Nahrung. Eine Gruppe sind die Muscheln, die sich mit einer oder zwei Schalen schützen, eine andere die Tintenfische, die Tentakel haben. Die meisten Weichtiere leben im Meer, andere an Land, wie die Gehäuseschnecken und die Nacktschnecken. Es sind bis zu 100 000 Arten bekannt.

WINTERSCHLAF

Manche Tiere überstehen die kalte Jahreszeit, indem sie in Winterschlaf fallen. Sie müssen in dieser Zeit nicht fressen, weil sie von ihrem Körperfett leben. Ihre Atmung und ihr Herzschlag verlangsamen sich stark, so sparen sie Energie und können bis zum Frühling durchhalten.

WIRBELLOSE

Wirbellose haben keine Wirbelsäule und keine Knochen, stattdessen sind Insekten und Krebstiere durch einen harten Panzer geschützt, Weichtiere wie Schnecken und Muscheln durch ihre Schale. Das nennt man Exoskelett.

WIRBELTIERE

Säugetiere, Vögel, Reptilien, Amphibien und Fische sind alles Wirbeltiere. Das heißt, dass sie eine knöcherne Wirbelsäule haben, die Teil ihres Skeletts ist. Das Skelett stützt und schützt die Weichteile des Körpers und es ist der Bewegungsapparat des Tiers.

DER STAMMBAUM DES LEBENS

Die Geschichte des Lebens auf der Erde ist wie ein Baum, der seinen Ursprung vor 3,5 bis 3,8 Milliarden Jahren hat, mit winzigen einzelligen Lebewesen. Seither ist er gewachsen und hat sich immer weiter verzweigt, mit all den Lebensformen, die sich im Lauf von Jahrmillionen entwickelt haben. Alle heute lebenden Tiere, Pflanzen und Pilze bilden die Zweige des Baums. Du kannst jeden Zweig zurückverfolgen bis zu dem Ast und dem Stamm, aus dem er entstanden ist. Diese Abbildung ist jedoch sehr stark vereinfacht, in Wirklichkeit ist der Stammbaum der Lebewesen viel komplexer!

Säugetiere
Vögel
Reptilien und Amphibien
Fische
WIRBELTIERE
Bärlappgewächse
Schachtelhalme
Farne
PFLANZEN
Algen
Flechten
Moose
Nadelbäume
Blütenpflanzen
PILZE
OMPLEXE EINZELLER